GOOD FOR ONE NIGHT OF

EXPERT BABYSITTING

VALID FOR ALL ADORABLE CHILDREN

To: _____   Date: ___/___/___

From: _____   Time: _____

Note: _____

(PS - Will work for hot chocolate, coffee, or hugs)

GOOD FOR ONE NIGHT OF

EXPERT BABYSITTING

⭐ ⭐ ⭐ ⭐ ⭐ ⭐ ⭐ ⭐ ⭐ ⭐

VALID FOR ALL ADORABLE CHILDREN

To: _____   Date: ___ / ___ / ___

From: _____   Time: _____

Note: _____

(PS - Will work for hot chocolate, coffee, or hugs)

GOOD FOR ONE NIGHT OF

★ ★ ★

EXPERT BABYSITTING

★ ★ ★ ★ ★ ★ ★ ★ ★ ★ ★

VALID FOR ALL ADORABLE CHILDREN

To: _____ **Date:** ___ / ___ / ___

From: _____ **Time:** _____

Note: _____

(PS - Will work for hot chocolate, coffee, or hugs)

GOOD FOR ONE NIGHT OF

EXPERT BABYSITTING

★ ★ ★ ★ ★ ★ ★ ★ ★ ★ ★

VALID FOR ALL ADORABLE CHILDREN

To: _____   Date: ___ / ___ / ___

From: _____   Time: _____

Note: _____

(PS - Will work for hot chocolate, coffee, or hugs)

GOOD FOR ONE NIGHT OF

EXPERT BABYSITTING

★ ★ ★ ★ ★ ★ ★ ★ ★ ★ ★

VALID FOR ALL ADORABLE CHILDREN

To: _____   Date: ___ / ___ / ___

From: _____   Time: _____

Note: _____

(PS - Will work for hot chocolate, coffee, or hugs)

GOOD FOR ONE NIGHT OF

EXPERT BABYSITTING

VALID FOR ALL ADORABLE CHILDREN

To: _____   Date: ___ / ___ / ___

From: _____   Time: _____

Note: _____

(PS - Will work for hot chocolate, coffee, or hugs)

GOOD FOR ONE NIGHT OF

EXPERT BABYSITTING

★ ★ ★ ★ ★ ★ ★ ★ ★

VALID FOR ALL ADORABLE CHILDREN

To: _____ **Date:** ___ / ___ / ___

From: _____ **Time:** _____

Note: _____

(PS - Will work for hot chocolate, coffee, or hugs)

GOOD FOR ONE NIGHT OF

EXPERT BABYSITTING

★ ★ ★ ★ ★ ★ ★ ★ ★ ★ ★ ★

VALID FOR ALL ADORABLE CHILDREN

To: _____   Date: ___ / ___ / ___

From: _____   Time: _____

Note: _____

(PS - Will work for hot chocolate, coffee, or hugs)

GOOD FOR ONE NIGHT OF

EXPERT BABYSITTING

VALID FOR ALL ADORABLE CHILDREN

To: _____   Date: ___ / ___ / ___

From: _____   Time: _____

Note: _____

(PS - Will work for hot chocolate, coffee, or hugs)

GOOD FOR ONE NIGHT OF

EXPERT BABYSITTING

★ ★ ★ ★ ★ ★ ★ ★ ★ ★ ★

VALID FOR ALL ADORABLE CHILDREN

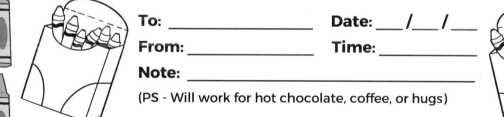

To: _____   **Date:** ___ / ___ / ___

From: _____   **Time:** _____

Note: _____

(PS - Will work for hot chocolate, coffee, or hugs)

GOOD FOR ONE NIGHT OF

EXPERT BABYSITTING

★ ★ ★ ★ ★ ★ ★ ★ ★ ★ ★ ★ ★

VALID FOR ALL ADORABLE CHILDREN

To: _____   Date: ___ / ___ / ___

From: _____   Time: _____

Note: _____

(PS - Will work for hot chocolate, coffee, or hugs)

GOOD FOR ONE NIGHT OF

EXPERT BABYSITTING

⭐⭐⭐⭐⭐⭐⭐⭐⭐⭐⭐

VALID FOR ALL ADORABLE CHILDREN

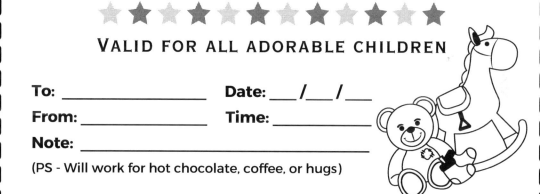

To: _____ **Date:** ___ / ___ / ___

From: _____ **Time:** _____

Note: _____

(PS - Will work for hot chocolate, coffee, or hugs)

GOOD FOR ONE NIGHT OF

EXPERT BABYSITTING

VALID FOR ALL ADORABLE CHILDREN

To: _____ Date: ___ / ___ / ___

From: _____ Time: _____

Note: _____

(PS - Will work for hot chocolate, coffee, or hugs)

GOOD FOR ONE NIGHT OF

EXPERT BABYSITTING

VALID FOR ALL ADORABLE CHILDREN

To: _____

From: _____

Note: _____

Date: ___ / ___ / ___

Time: _____

A
B C

(PS - Will work for hot chocolate, coffee, or hugs)

GOOD FOR ONE NIGHT OF

EXPERT BABYSITTING

VALID FOR ALL ADORABLE CHILDREN

To: _____ **Date:** ___ / ___ / ___

From: _____ **Time:** _____

Note: _____

(PS - Will work for hot chocolate, coffee, or hugs)

GOOD FOR ONE NIGHT OF

EXPERT BABYSITTING

★ ★ ★ ★ ★ ★ ★ ★ ★ ★ ★

VALID FOR ALL ADORABLE CHILDREN

To: _____   **Date:** ___ / ___ / ___

From: _____   **Time:** _____

Note: _____

(PS - Will work for hot chocolate, coffee, or hugs)

GOOD FOR ONE NIGHT OF

EXPERT BABYSITTING

★ ★ ★ ★ ★ ★ ★ ★ ★ ★

VALID FOR ALL ADORABLE CHILDREN

To: _____ Date: ___ / ___ / ___

From: _____ Time: _____

Note: _____

(PS - Will work for hot chocolate, coffee, or hugs)

GOOD FOR ONE NIGHT OF

EXPERT BABYSITTING

VALID FOR ALL ADORABLE CHILDREN

To: _____   **Date:** ___ / ___ / ___

From: _____   **Time:** _____

Note: _____

(PS - Will work for hot chocolate, coffee, or hugs)

GOOD FOR ONE NIGHT OF

EXPERT BABYSITTING

★ ★ ★ ★ ★ ★ ★ ★ ★ ★ ★ ★

VALID FOR ALL ADORABLE CHILDREN

To: _____   Date: ___ / ___ / ___

From: _____   Time: _____

Note: _____

(PS - Will work for hot chocolate, coffee, or hugs)

GOOD FOR ONE NIGHT OF

EXPERT BABYSITTING

VALID FOR ALL ADORABLE CHILDREN

To: _____ **Date:** ___ / ___ / ___

From: _____ **Time:** _____

Note: _____

(PS - Will work for hot chocolate, coffee, or hugs)

GOOD FOR ONE NIGHT OF

EXPERT BABYSITTING

VALID FOR ALL ADORABLE CHILDREN

To: _____   Date: ___/___/___

From: _____   Time: _____

Note: _____

(PS - Will work for hot chocolate, coffee, or hugs)

GOOD FOR ONE NIGHT OF

EXPERT BABYSITTING

VALID FOR ALL ADORABLE CHILDREN

To: _____   **Date:** ___ / ___ / ___

From: _____   **Time:** _____

Note: _____

(PS - Will work for hot chocolate, coffee, or hugs)

GOOD FOR ONE NIGHT OF

EXPERT BABYSITTING

★ ★ ★ ★ ★ ★ ★ ★ ★ ★

VALID FOR ALL ADORABLE CHILDREN

To: _____ **Date:** ___ / ___ / ___

From: _____ **Time:** _____

Note: _____

(PS - Will work for hot chocolate, coffee, or hugs)

GOOD FOR ONE NIGHT OF

EXPERT BABYSITTING

VALID FOR ALL ADORABLE CHILDREN

To: _____ **Date:** ___ / ___ / ___

From: _____ **Time:** _____

Note: _____

(PS - Will work for hot chocolate, coffee, or hugs)

GOOD FOR ONE NIGHT OF

EXPERT BABYSITTING

VALID FOR ALL ADORABLE CHILDREN

To: _____ **Date:** ___ / ___ / ___

From: _____ **Time:** _____

Note: _____

(PS - Will work for hot chocolate, coffee, or hugs)

GOOD FOR ONE NIGHT OF

EXPERT BABYSITTING

★ ★ ★ ★ ★ ★ ★ ★ ★ ★ ★

VALID FOR ALL ADORABLE CHILDREN

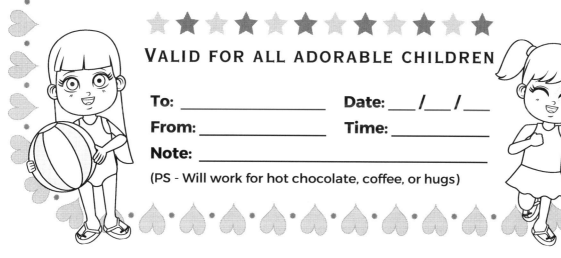

To: _____   **Date:** ___ / ___ / ___

From: _____   **Time:** _____

Note: _____

(PS - Will work for hot chocolate, coffee, or hugs)

GOOD FOR ONE NIGHT OF

EXPERT BABYSITTING

VALID FOR ALL ADORABLE CHILDREN

To: _____   **Date:** ___ / ___ / ___

From: _____   **Time:** _____

Note: _____

(PS - Will work for hot chocolate, coffee, or hugs)

GOOD FOR ONE NIGHT OF

EXPERT BABYSITTING

VALID FOR ALL ADORABLE CHILDREN

To: _____

From: _____

Date: ___ / ___ / ___

Time: _____

Note: _____

(PS - Will work for hot chocolate, coffee, or hugs)

GOOD FOR ONE NIGHT OF

EXPERT BABYSITTING

VALID FOR ALL ADORABLE CHILDREN

To: _____   Date: ___ / ___ / ___

From: _____   Time: _____

Note: _____

(PS - Will work for hot chocolate, coffee, or hugs)

GOOD FOR ONE NIGHT OF

EXPERT BABYSITTING

VALID FOR ALL ADORABLE CHILDREN

To: _____   Date: ___ / ___ / ___

From: _____   Time: _____

Note: _____

(PS - Will work for hot chocolate, coffee, or hugs)

GOOD FOR ONE NIGHT OF

EXPERT BABYSITTING

★ ★ ★ ★ ★ ★ ★ ★ ★ ★ ★

VALID FOR ALL ADORABLE CHILDREN

To: _____   Date: ___ / ___ / ___

From: _____   Time: _____

Note: _____

(PS - Will work for hot chocolate, coffee, or hugs)

GOOD FOR ONE NIGHT OF

⭐ ⭐ ⭐

EXPERT BABYSITTING

⭐ ⭐ ⭐ ⭐ ⭐ ⭐ ⭐ ⭐ ⭐ ⭐ ⭐ ⭐

VALID FOR ALL ADORABLE CHILDREN

To: _____ **Date:** ___ / ___ / ___

From: _____ **Time:** _____

Note: _____

(PS - Will work for hot chocolate, coffee, or hugs)

GOOD FOR ONE NIGHT OF

EXPERT BABYSITTING

★ ★ ★ ★ ★ ★ ★ ★ ★ ★ ★ ★ ★

VALID FOR ALL ADORABLE CHILDREN

To: _____ **Date:** ___/___/___

From: _____ **Time:** _____

Note: _____

(PS - Will work for hot chocolate, coffee, or hugs)

GOOD FOR ONE NIGHT OF

EXPERT BABYSITTING

VALID FOR ALL ADORABLE CHILDREN

To: _____   Date: ___ / ___ / ___

From: _____   Time: _____

Note: _____

(PS - Will work for hot chocolate, coffee, or hugs)

GOOD FOR ONE NIGHT OF

EXPERT BABYSITTING

VALID FOR ALL ADORABLE CHILDREN

To: _____   Date: ___ / ___ / ___

From: _____   Time: _____

Note: _____

(PS - Will work for hot chocolate, coffee, or hugs)

GOOD FOR ONE NIGHT OF

EXPERT BABYSITTING

VALID FOR ALL ADORABLE CHILDREN

To: _____   Date: ___ / ___ / ___

From: _____   Time: _____

Note: _____

(PS - Will work for hot chocolate, coffee, or hugs)

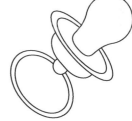

GOOD FOR ONE NIGHT OF

EXPERT BABYSITTING

★ ★ ★ ★ ★ ★ ★ ★ ★ ★ ★ ★ ★

VALID FOR ALL ADORABLE CHILDREN

To: _____   **Date:** ___ / ___ / ___

From: _____   **Time:** _____

Note: _____

(PS - Will work for hot chocolate, coffee, or hugs)

GOOD FOR ONE NIGHT OF

EXPERT BABYSITTING

★★★★★★★★★★★★★

VALID FOR ALL ADORABLE CHILDREN

To: _____   **Date:** ___ / ___ / ___

From: _____   **Time:** _____

Note: _____

(PS - Will work for hot chocolate, coffee, or hugs)

GOOD FOR ONE NIGHT OF

EXPERT BABYSITTING

★ ★ ★ ★ ★ ★ ★ ★ ★ ★ ★

VALID FOR ALL ADORABLE CHILDREN

To: _____   **Date:** ___ / ___ / ___

From: _____   **Time:** _____

Note: _____

(PS - Will work for hot chocolate, coffee, or hugs)

GOOD FOR ONE NIGHT OF

EXPERT BABYSITTING

VALID FOR ALL ADORABLE CHILDREN

To: _____   Date: ___/___/___

From: _____   Time: _____

Note: _____

(PS - Will work for hot chocolate, coffee, or hugs)

GOOD FOR ONE NIGHT OF

EXPERT BABYSITTING

VALID FOR ALL ADORABLE CHILDREN

To: _____   Date: ___ / ___ / ___

From: _____   Time: _____

Note: _____

(PS - Will work for hot chocolate, coffee, or hugs)

GOOD FOR ONE NIGHT OF

EXPERT BABYSITTING

VALID FOR ALL ADORABLE CHILDREN

To: _____   **Date:** ___ / ___ / ___

From: _____   **Time:** _____

Note: _____

(PS - Will work for hot chocolate, coffee, or hugs)

GOOD FOR ONE NIGHT OF

EXPERT BABYSITTING

VALID FOR ALL ADORABLE CHILDREN

To: _____

From: _____

Date: ___ / ___ / ___

Time: _____

Note: _____

(PS - Will work for hot chocolate, coffee, or hugs)

GOOD FOR ONE NIGHT OF

EXPERT BABYSITTING

VALID FOR ALL ADORABLE CHILDREN

To: _____   **Date:** ___ / ___ / ___

From: _____   **Time:** _____

Note: _____

(PS - Will work for hot chocolate, coffee, or hugs)

GOOD FOR ONE NIGHT OF

EXPERT BABYSITTING

VALID FOR ALL ADORABLE CHILDREN

To: _____   Date: ___ / ___ / ___

From: _____   Time: _____

Note: _____

(PS - Will work for hot chocolate, coffee, or hugs)

GOOD FOR ONE NIGHT OF

EXPERT BABYSITTING

VALID FOR ALL ADORABLE CHILDREN

To: _____   Date: ___ / ___ / ___

From: _____   Time: _____

Note: _____

(PS - Will work for hot chocolate, coffee, or hugs)

GOOD FOR ONE NIGHT OF

EXPERT BABYSITTING

VALID FOR ALL ADORABLE CHILDREN

To: _____   Date: ___ / ___ / ___

From: _____   Time: _____

Note: _____

(PS - Will work for hot chocolate, coffee, or hugs)

GOOD FOR ONE NIGHT OF

EXPERT BABYSITTING

★ ★ ★ ★ ★ ★ ★ ★ ★ ★ ★ ★

VALID FOR ALL ADORABLE CHILDREN

To: _____   **Date:** ___ / ___ / ___

From: _____   **Time:** _____

Note: _____

(PS - Will work for hot chocolate, coffee, or hugs)

GOOD FOR ONE NIGHT OF

EXPERT BABYSITTING

★ ★ ★ ★ ★ ★ ★ ★ ★ ★ ★ ★

VALID FOR ALL ADORABLE CHILDREN

To: _____ **Date:** ___ / ___ / ___

From: _____ **Time:** _____

Note: _____

(PS - Will work for hot chocolate, coffee, or hugs)

GOOD FOR ONE NIGHT OF

EXPERT BABYSITTING

VALID FOR ALL ADORABLE CHILDREN

To: _____ Date: ___ / ___ / ___

From: _____ Time: _____

Note: _____

(PS - Will work for hot chocolate, coffee, or hugs)

Made in the USA
Middletown, DE
07 December 2024

66343639R00057